BÉDU · CAUVIN

LES PSY

DUPUIS

Couleurs : Luce Daniels.
Maquette : Yves Amateis.

D. 1994/0089/107 — R. 10/2000.
ISBN 2-8001-2163-7

Imprimé en Belgique..

Vade retro Satanas

MMRRF?...
GNAP GNAP GNAP GNAP
UN INSTANT! UN INSTANT, VOULEZ-VOUS? LAISSEZ-MOI AU MOINS LE TEMPS DE M'INSTALLER!...
?
BIEN! À PRÉSENT, RACONTEZ-MOI EN DÉTAIL CE QUI VOUS EST ARRIVÉ...
ALLONS-Y! JE VOUS ÉCOUTE...
WAAAEEUEEERK!
HIIAAA HAHA!
IIEEK
RHA!
BOM
BELEBELEBEL BELEBL...
YERK
RRTTH...
WIIIIIII
♪
TCHU...
24/2

HAHA HA
HiHi Hi
PLOF
RHAAA
OUI... BIEN SÛR... MAIS À PART ÇA ?...
WAAAEEUEEERK!
HAHAAA HAARF...
¡iEEK
GRR
FFHH!
YOOUUK
iiiK
YUURK
MMEEUUAAR!
ARF ARF

OUI... BIEN SÛR... MAIS À PART ÇA ?...
MMRF ?
WAAEEUUEERK AAARH
SOPHIE
DEUX HEURES PLUS TARD...
?
D... DOCTEUR ?... ÇA... ÇA VA ?
VOUS POUVEZ ENTRER, CHÈRE MADAME ! J'EN AI TERMINÉ AVEC ELLE...
MAMAN !
SOPHIE !
AH, DOCTEUR, COMMENT POURRAIS-JE UN JOUR VOUS REMERCIER ?
EN RÉGLANT LE MONTANT DE MES HONORAIRES ! JE VOUS LES ENVERRAI PAR LA POSTE...
DONC, VOUS POSSÉDIEZ CETTE PETITE FILLE... BIEN ! DITES-MOI ALORS CE QUI VOUS EST ARRIVÉ...
ALLONS-Y ! JE VOUS ÉCOUTE...
24/4
CAUVIN - SERON.

Tête à clacs...

BONJOUR, MON CHER CONFRÈRE! C'EST GENTIL À VOUS D'ÊTRE VENU...
C'EST AVEC JOIE QUE J'AI ACCEPTÉ VOTRE INVITATION... JUSQU'À PRÉSENT, IL NE M'AVAIT JAMAIS ÉTÉ DONNÉ D'ASSISTER À UNE CONSULTATION SOUS HYPNOSE...
VOTRE CLIENT?...
EN EFFET.
CLAC CLAC CLAC CLAC
DE QUOI SOUFFRE-T-IL?
D'UN SYNDROME MENTAL CARACTÉRISÉ PAR UN TROUBLE PERSISTANT RÉSULTANT D'UNE INCOHÉRENCE DE L'ACTIVITÉ MOTRICE! COMME VOUS POUVEZ LE CONSTATER CHEZ LE SUJET, CE TROUBLE EST À LA FOIS VISUEL ET AUDITIF...
CLAC CLAC CLAC CLAC
VOYEZ VOUS-MÊME! IL N'ARRÊTE PAS DE FAIRE CLAQUER SON DENTIER...
ET ÇA M'ÉNERVE!
CLAC CLAC CLAC
C'EST PAS BIENTÔT FINI? HEIN?...
EUH... EXCUSEZ-MOI!
VOULEZ-VOUS, À PRÉSENT, NOUS RACONTER COMMENT CELA A COMMENCÉ?
IL Y A DEUX ANS D'ICI... CLAC CLAC...
...SUITE À UNE LONGUE MALADIE... CLAC... J'AVAIS PERDU TOUTES MES DENTS ...CLAC CLAC
C'EST À CETTE PÉRIODE-LÀ QU'IL FUT DÉCIDÉ DE POSER UN APPAREIL... CLAC... DENTAIRE... CLAC CLAC...
OUVREZ BIEN LA BOUCHE!
ZZIIII
RHAAOWAA
RHRHHRHH
AU DÉBUT, TOUT ALLAIT BIEN... CLAC... CLAC...
JE N'Y PENSAIS MÊME PAS... CLAC CLAC...
CLAC CLAC CLAC

MILLE MILLIARDS DE
...!XCUSEZ-MOI!...
CLAC
EUH... EXCUSEZ-MOI!... CONTINUEZ...
MAIS, LE TEMPS PASSANT... CLAC ÇA A... CLAC... COMMENCÉ...
CLAC
CLAC
D'ABORD, PAR INTERMITTENCE...
CLAC
JE LE FAISAIS SANS MÊME M'EN APERCEVOIR...
CLAC CLAC
PUIS, TRÈS VITE...
CLAC CLAC CLAC CLAC
... C'EST DEVENU UNE HABITUDE...
CLAC CLAC CLAC CLAC CLAC CLAC
QUE DIS-JE? UN TIC...
CLAC CLAC CLAC CLAC
UNE MANIE...
CLAC CLAC CLAC CLAC CLAC CLAC
VOIRE UNE OBSESSION
CLAC CLAC CLAC CLAC CLAC
27/2

INUTILE DE VOUS DIRE QUE MA VIE EST SOUDAINEMENT DEVENUE UN ENFER...
AGHGHH...
CLAC CLAC CLAC
TOUT LE MONDE A FINI PAR M'ÉVITER... MA FAMILLE D'ABORD, MÊME MON CHIEN !...
CLAC CLAC CLAC
CLAC CLAC CLAC
MES AMIS ENSUITE...
CLAC CLAC CLAC CLAC CLAC CLAC
J'AI MÊME PERDU MON EMPLOI !...
CLAC CLAC CLAC CLAC CLAC
ET... DERNIÈREMENT, MA FEMME M'A QUITTÉ !...
JE N'EN PEUX PLUS !... JE SENS QUE JE VAIS **CRAQUER** !
CALMEZ-VOUS, JE CROIS QU'IL A TERMINÉ !...
CLAC CLAC CLAC CLAC
EEEH !... OÙ ÊTES-VOUS ?...
LÀÀÀ... VOUS VOYEZ...
NOUS SOMMES LÀ... ON ARRIVE !
BIEN ! NOUS ALLONS COMMENCER... DÉTENDEZ-VOUS... LAISSEZ-VOUS ALLER...
CLAC CLAC CLAC
CRAC
CLAC CLAC CLAC CLAC CLAC CLAC CLAC
CALMEZ-VOUS, MON VIEUX... DÉTENDEZ-VOUS... LAISSEZ-VOUS ALLER...
JE N'Y ARRIVERAI JAMAIS ! Y M'ÉNEEERVE ! Y M'ÉNEEERVE !

QUELQUES ESSAIS INFRUCTUEUX PLUS TARD...
ENFIN!... LÀÀÀ... PAAARFAIT... VOUS VOUS SENTEZ BIEN...
...TRÈS BIEN... À PRÉSENT, VOUS ALLEZ M'ÉCOUTER ATTENTIVEMENT...
QUAND VOUS VOUS RÉVEILLEREZ, VOUS AUREZ COMPLÈTEMENT OUBLIÉ QUE VOUS PORTEZ UN APPAREIL DENTAIRE!... VOUS FEREZ COMME SI VOUS N'EN AVIEZ JAMAIS EU... COMME S'IL N'AVAIT JAMAIS EXISTÉ!... COMME S'IL ÉTAIT DISPARU... ENVOLÉ!...
À PRÉSENT, JE VAIS COMPTER JUSQU'À TROIS... ET À TROIS, VOUS VOUS RÉVEILLEREZ... ATTENTION... JE COMMENCE... UN...
...DEUX...
...TROIS!...
CLAC
?
CLAC CLAC CLAC
DIDJÌ!... MAIS POURQUOI EST-IL DEVENU TOUT BLEU?...
VOULEZ-VOUS QUE JE VOUS DISE? IL DOIT AVOIR PRIS VOS SUGGESTIONS AU PIED DE LA LETTRE, PARCE QU'APPAREMMENT, SON DENTIER...
...IL L'A AVALÉ!
PLUS TARD...
HIHIHI... IL N'Y A PAS À DIRE, RIEN NE VAUT LES BONNES VIEILLES MÉTHODES TRADITIONNELLES!...
HIHI HI...
PARDON?
EUH... HEIN?... NON, NON! RIEN!... JE PENSAIS TOUT HAUT!... BON! OÙ EN ÉTIONS-NOUS? AH OUI!... ET SI NOUS REPRENIONS TOUT DEPUIS LE DÉBUT?...
BEN VOILÀ...
27/A
CAUVIN - BÉDU.

Ronron quotidien

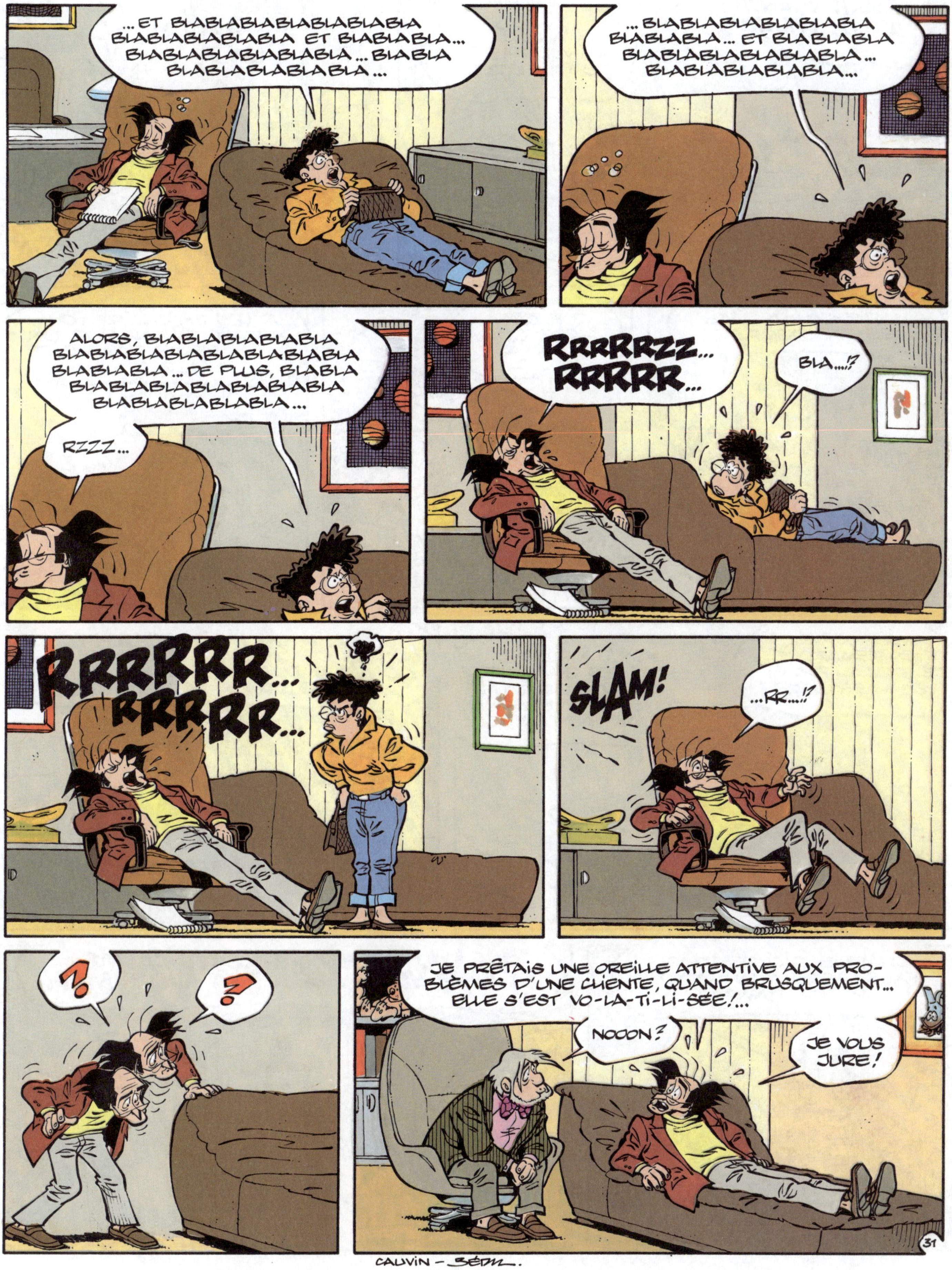

Il y a de l'otage dans l'air

ZZZZ
PET PET
VRRZZZ
VOUS... VOUS PERMETTEZ QUE NOUS VOUS POSIONS QUELQUES PETITES QUESTIONS ?...
PAS LA PEINE !
SI VOUS VOULEZ SAVOIR S'IL S'AGIT D'UN DÉTOURNEMENT, C'EST OUI !...
ÇA, ON LE SAVAIT !
?
QU'EST-CE QUE VOUS VOULEZ SAVOIR ALORS ?
ON PEUT ?...
ALLEZ-Y TOUJOURS...
AVEZ-VOUS EU UNE ENFANCE HEUREUSE ?
VOS PARENTS VOUS BATTAIENT ?
VOTRE SOEUR SE DROGUAIT ?
AVEZ-VOUS DES FRÈRES ?
VOUS AVEZ CONNU VOTRE PÈRE ?
VOTRE MÈRE FUMAIT-ELLE ?
VOUS L'AIMIEZ ?
DES SOEURS ?
IL BUVAIT ?
VOTRE PÈRE EST MORT VIEUX ?
AVEZ-VOUS ÉTÉ MARIÉ ?
AVEC UNE FEMME ?
?
HARRY, DIS-LEUR QUE JE NE SUIS PAS UN PSYCHOPATHE ! DIS-LEUR !...
QUE ?.. QUI EST-CE QUI T'A RACONTÉ CETTE HISTOIRE ?

RESTE ICI, FRÉROT, JE M'EN VAIS LEUR PARLER, MOI...
QUEL EST LE TORDU QUI...?
UNE QUESTION, UNE SEULE!
OUI, MAIS À CHACUN SON TOUR, ALORS!
EUH... ALLEZ-Y!?
AVEZ-VOUS EU UNE ENFANCE HEUREUSE?
AVEZ-VOUS CONNU VOTRE PÈRE?
SOYEZ FRANC, VOTRE MÈRE FUMAIT?
LAISSEZ MAMAN EN DEHORS DE TOUT ÇA!
OUI, ELLE FUMAIT! ET ALORS?
NON, JE... JE N'AI PAS CONNU PAPA...
NON, IL NE ME BATTAIT PAS... ENFIN... UNE BAFFE DE TEMPS EN TEMPS...
MA... MA SOEUR?... EUH... OUI, ELLE A QUITTÉ TRÈS JEUNE LA MAISON! MAIS...?!
C'EST VRAI... MAINTENANT QUE VOUS LE DITES, JE... JE N'AI PAS EU UNE ENFANCE TRÈS HEUREUSE!...
NON, JE NE CHIQUE PAS!
ALORS?
OH NOOOON?
SI!
?
ALLÔ! VOL 748 À TOUR DE CONTRÔLE... ALLÔ! VOL 748 À TOUR DE CONTRÔLE... DEMANDONS ATTERRISSAGE D'URGENCE! NOUS AVONS DEUX MALADES À BORD!
N'OUBLIEZ PAS, HEIN? VOUS AVEZ PROMIS DE NOUS SOIGNER...
ET GRATUITEMENT!
AH NON! NE NOUS FAITES PAS DIRE CE QUE NOUS N'AVONS PAS DIT!
COMMENT POURRAIS-JE VOUS REMERCIER?
EN NOUS PERMETTANT DE VOUS POSER QUELQUES PETITES QUESTIONS... VOUS VOULEZ BIEN?
23/3
CAUVIN-SÉRON.

Allez-y, je vous écoute...

Hystérie familiale

MAIS ENFIN, MARTINE, QU'EST-CE QUI T'ARRIVE ?...
CHHHT!
MOCH MOISINE
MOCH MOISINE
YEAH!
ÇA VA! J'AI COMPRIS! TU AS ENCORE ÉTÉ VOIR UN CONCERT DE MOCH MOISINE! C'EST ÇA, HEIN ?
OUIIIII!
TU N'AS PAS HONTE DE TE METTRE DANS DES ÉTATS PAREILS, HEIN ?
DIS?
BOUOUUUH!
UNE FILLE HYSTÉRIQUE! VOILÀ CE QUE J'AI ENGENDRÉ! QU'EST-CE QUE LES VOISINS VONT PENSER DE TOI, JE TE LE DEMANDE.!?
...M'EN FOUUUUS!...
AAAAH!
NOOOON! NOOON! PAS ÇAAA!...

DÉGAGE, NONDJÛ! MAIS DÉGAAAGE!
BIEN... TRÈS BIEN...
ALLEZ, FONCE... FOONCE!...
OUAIS!...
ALLEEEZ...
SHOOTE! MAIS SHOOTE!
OUAAAIS!
BLAM
PAPA!
Plus tard...
CABINET
AU SUIV...!?
?
C'EST MA FEMME QUI NOUS ENVOIE! C'EST MAMAN QUI NOUS ENVOIE!...
BON! EH BIEN, ALLEZ-Y! JE VOUS ÉCOUTE...
21/3
CAUVIN - BÉDU

Que serais-je sans ailes ?

CAUVIN - BÉDU.

Lui...!

MERCI, CHER CONFRÈRE! MERCI D'ÊTRE VENU AUSSI VITE!
MAIS C'EST TOUT NATUREL!... DITES-MOI, QU'EST-CE QUI NE VA PAS?
VOUS PERMETTEZ QUE JE M'INSTALLE?
BIEN SÛR! VOUS ÊTES CHEZ VOUS, APRÈS TOUT!
OH, VOUS, ON NE VOUS A RIEN DEMANDÉ!
?
VOUS... VOUS EN AVEZ À QUI?
À LUI! C'EST D'AILLEURS À CAUSE DE LUI QUE JE VOUS AI APPELÉ!...
?
JE PEUX Y ALLER?
EUH... OUI, OUI, ALLEZ-Y, JE VOUS ÉCOUTE...
VOILÀ!... CE MATIN, J'AI REÇU UN CLIENT BIZARRE DANS MON CABINET...
SUIVANT!
VENEZ, C'EST À NOTRE TOUR...
?
...ET SURTOUT, PAS UN MOT!... JE NE VEUX PLUS VOUS ENTENDRE...
CABINET
29/1

JE VOUS EN PRIE, INSTALLEZ-VOUS...
ET LUI ?
QUI ÇA,... LUI ?
BEN LUI ! C'EST À CAUSE DE LUI QUE JE SUIS ICI !
IL N'A QU'À S'INSTALLER SUR CETTE CHAISE...
VOUS AVEZ ENTENDU ? ALLEZ !
BEN VOILÀ !... TOUT A COMMENCÉ HIER SOIR... JE SIROTAIS TRANQUILLEMENT UN EXPRESSO À LA BUVETTE DE LA GARE, QUAND IL EST ARRIVÉ...
IL ?...
BEN LUI !...
AH ! C'EST VRAI, J'OUBLIAIS !
ON A D'ABORD DISCUTÉ LONGUEMENT ENSEMBLE...
?
?
PUIS, COMME IL ME SEMBLAIT SYMPATHIQUE, JE L'AI EMMENÉ CHEZ MOI...
QUELLE SOIRÉE, MES AÏEUX ! IL N'A PAS ARRÊTÉ DE RACONTER DES BLAGUES PLUS DÉSOPILANTES LES UNES QUE LES AUTRES...
WOOHAHAHAHAHA
?
IL ÉTAIT INTARISSABLE... ET MÊME LA NUIT VENUE, JE NE PARVENAIS PLUS À L'ARRÊTER...
HIIIHAAAHAAAHAA!
ASSEZ! ASSEZ!
29/2

ALORS, MON ÉPOUSE A CRAQUÉ ET ELLE NOUS A FICHUS DEHORS...
TROP C'EST TROP!...
VOUS DEVENIEZ AGAÇANT À LA FIN!
LE LENDEMAIN MATIN, QUAND NOUS SOMMES REVENUS À LA MAISON...
MAIS CHÉRIE...
PAS QUESTION! DU MOINS PAS AVANT QUE TU N'AIES ÉTÉ CONSULTER UN PSYCHIATRE!
...CONSULTER UN PSYCHIATRE? MAIS... ET LUI?...
...N'A QU'À ALLER AVEC TOI!...
ET VOILÀ POURQUOI NOUS SOMMES LÀ...
JE VOIS...
VOUS SOUFFREZ D'UNE PSYCHOSE HALLUCINATOIRE SANS DOUTE DUE À UN ÉTAT DÉPRESSIF...
AH BON?
VOUS ALLEZ RENTRER CHEZ VOUS, PRENDRE CES CACHETS ANTIDÉPRESSEURS, VOUS ALLONGER ET, DEMAIN, VOUS VOUS SENTIREZ DÉJÀ BEAUCOUP MIEUX!
ET LUI?
HAHAHAHA! VOUS LE LAISSEZ ICI!... IL NE VOUS ENNUIERA PLUS!
ÇA, C'EST GENTIL! AU REVOIR, DOCTEUR.
HAHA HA!...
HÉ HÉ...
29/3

VOILÀ POURQUOI JE VOUS AI APPELÉ !... IL EST LÀ !... JE SUIS SÛR QU'IL EST LÀ !...
VOYONS ! SOYONS SÉRIEUX, VOUS N'ALLEZ PAS CROIRE À CES FADAISES ?...
IL N'Y A PERSONNE SUR CETTE CHAISE ... VOUS POUVEZ LE CONSTATER VOUS-MÊME...
IL EST LÀ, JE VOUS DIS ! JE LE SENS ! IL EST LÀ !...
CALMEZ-VOUS ! CAAAALMEZ-VOUS !
IL EST LÀ !
JE VOIS CE QUE C'EST ! À MON AVIS, VOUS SOUFFREZ D'UNE PSYCHOSE HALLUCINATOIRE, SANS DOUTE DUE À UN ÉTAT DÉPRESSIF...
AH BON ?
VOUS ALLEZ PRENDRE QUELQUES ANTIDÉPRESSEURS, VOUS COUCHER ET, DEMAIN, VOUS VOUS SENTIREZ DÉJÀ BEAUCOUP MIEUX...
ET LUI ALORS ?
AHAHAHA ! JE L'EMMÈNE AVEC MOI ! AINSI, IL NE VOUS ENNUIERA PLUS !
ÇA, C'EST GENTIL ! ALLEZ, VOUS ! HOP ! SUIVEZ MONSIEUR !
KROTEN
KROT
FLASH
KRO
TAVE BRA
KROTE
...ET VOUS DITES QU'IL VOUS A SUIVI JUSQU'ICI, DANS VOTRE CABINET ? VOUS AVEZ BIEN FAIT DE FAIRE APPEL À MOI, CHER CONFRÈRE !... VOYEZ-VOUS, À MON AVIS, VOUS SOUFFREZ D'UNE PSYCHOSE HALLUCINATOIRE, SANS DOUTE DUE À .....
AH BON ?...
29/4.
CAUVIN - SERON.

Montée d'adrénaline

OBSERVONS D'ABORD CELUI-CI...
HEEP!
PAR ICI!
JE SUIS LÀÀÀ!
HOUHOUU!
MOP
STOP! ARRÊT SUR L'IMAGE...
CLIC
Coco Nuts!
AVANT LE BUT
GROS PLAN SUR LES GLANDES SURRÉNALES
L'ADRÉNALINE RESTE PÉPÈRE À L'INTÉRIEUR...
REIN
REIN
APRÈS LE BUT
MONTÉE D'ADRÉNALINE!...
À PRÉSENT, PASSONS À L'ÉTUDE DE CHAQUE RÉACTION...
CLIC
Coco Nuts!
CELLE-CI, PAR EXEMPLE, COMMUNÉMENT APPELÉE "SAUT DE L'ANGE...
TRALA LALALA!
YÉK YÉK YÉK
YOUPEE!
OU CELLE-CI, SURNOMMÉE "RABOTAGE DES PÂQUERETTES"...
WEEEEEEH
TOTO
TOTO
FFFFRRRRRRRR

LE SAUT DE CARPE AVEC LANCER AVANT, TRIPLE CULBUTE ET RÉTABLISSEMENT PIEDS À PLAT SUR LE SOL, BRAS ÉCARTÉS...
WWEEEEEHH
YIIPEE!
WEEH!
SERGA
...SAUT DIT "AU-DESSUS DES JOURNALISTES"...
AVEC EN FINALE LE "SALUT AUX SUPPORTERS"...
LA DANSE AFRICAINE...
BAREZI
LE BRAS D'HONNEUR...
TRILILI
J'EN PASSE, ET PAS DES MEILLEURES!...
CES SCÈNES QUI ONT SOUVENT SURPRIS, VOIRE CHOQUÉ, TANT DE SPECTATEURS OU TÉLÉSPECTATEURS...
N'ONT JAMAIS EU POUR BUT DE SCANDALISER, MAIS AU CONTRAIRE D'AIDER CERTAINS JOUEURS...

... À ÉVACUER LEUR TROP-PLEIN D'ADRÉNALINE...
RHÂÂÂ... MERHHi, LES GARS! JE ME HHENS BEAUCOUP MIEUX!...
LUMIÈRE!
AINSI, COMME VOUS AVEZ PU LE CONSTATER, LE TAUX D'ADRÉNALINE PEUT INFLUENCER LE COMPORTEMENT DE TOUT UN CHACUN ET, DANS CERTAINS CAS, FAUSSER LE DIAGNOSTIC VIS-À-VIS DE CERTAINS DE NOS CLIENTS!... ONT-ILS AGI À FROID OU SOUS LE COUP D'UNE IMPULSION?
AVEZ-VOUS DES QUESTIONS À POSER?
DOCTEUR CHEVALIER?
OUI?
UN TÉLÉGRAMME POUR VOUS...
!
SAPERLOTTE!... JE... JE SUIS PAPA D'UNE PETITE FILLE!...
BRAVO
CLAP
CLAP
CLAP
?
?
?
YOUPEE!
TRALA LALALA!
YÉK YÉKYÉK!
?
WEEEEEH
?
?
FFFFRRRRRRR

WWEEEEEEHH
YiiPEE!
WEEH!
RECEP
MMMH!
RHÂÂÂ... MERHHi, HHERS CONFRÈRES!... JE ME HHENS BEAUCOUP MIEUX!
ET À PRÉSENT, QUELQU'UN PEUT-IL ME HÉLER UN TAXI ?
DES PSYCHIATRES!... QUI L'EÛT CRU ?
PERSONNE N'EST À L'ABRI DES RAVAGES DE L'ADRÉNALINE!
À LA MATERNITÉ, JE VOUS PRIE!
TAXI
17/5
CAUVIN - BÉDU 93

Complètement dingue!

Pourquoi ?...

?
TOC TOC
DÉSOLÉ, IL SE FAIT TARD !... JE NE DONNE PLUS DE CONSULTATION AUJOURD'HUI ...
AH BON ?
CABINET
VOYEZ-VOUS, CETTE ANNÉE, J'AI DÉCIDÉ DE FÊTER LE RÉVEILLON AVEC MON ÉPOUSE AU RESTAURANT... ET POUR RIEN AU MONDE, JE NE VOUDRAIS ÊTRE EN RETARD...
JE NE SERAI PAS LONG, DOCTEUR ! J'AI JUSTE UNE QUESTION À VOUS POSER...
ÉCOUTEZ...
ÇA NE VOUS PRENDRA QU'UN INSTANT...
MAIS... JE...
S'IL VOUS PLAÎT...
C'EST BON ! INSTALLEZ-VOUS !
MERCI !
ALLEZ-Y ! JE VOUS ÉCOUTE...
POURQUOI ?
HEIN ?... POURQUOI QUOI ?
JE VOUS LE DEMANDE...
BEN... JE NE SAIS PAS MOI !... POURQUOI ?... POURQUOI "POURQUOI" ?
C'EST UNE QUESTION QUI ME TROTTE DANS LA TÊTE DEPUIS CE MATIN...
ET CE QUI ME CONSOLE, C'EST DE M'APERCEVOIR QUE JE NE SUIS PAS LE SEUL À NE PAS POUVOIR Y RÉPONDRE ! MERCI DE M'AVOIR REÇU, DOCTEUR ! VOUS NE POUVEZ PAS SAVOIR À QUEL POINT ÇA M'A SOULAGÉ...
REST
25CB0993

Plus tard...
TOI, IL Y A QUELQUE CHOSE QUI TE TRACASSE! ON AVAIT POURTANT CONVENU QU'ON NE PARLERAIT PAS BOULOT, CE SOIR!...
EXCUSE-MOI, CHÉRIE, MAIS J'AI REÇU UN CLIENT DANS MON CABINET, JUSTE AVANT DE VENIR, ET IL M'A POSÉ UNE QUESTION À LAQUELLE JE NE PARVIENS PAS À RÉPONDRE...
BON! TU ME LA POSES ET APRÈS ON N'EN PARLE PLUS! D'ACCORD?
NOOON! NON! JE NE VEUX PAS T'ENNUYER AVEC ÇA!
POSE-LA, JE TE DIS, OU ON NE PASSERA PAS LA SOIRÉE TRANQUILLES
BEN VOILÀ... POURQUOI?
POURQUOI QUOI?...
JE TE LE DEMANDE!
... BEN... PARCE QUE!...
BON SANG! MAIS C'EST BIEN SÛR! POURQUOI N'Y AI-JE PAS PENSÉ PLUS TÔT? HAHAHA! AI-JE ÉTÉ BÊTE?
BON! C'EST FINI MAINTENANT?
C'EST FINI! HIHIHI...
HIHI HI
HIHI
HI?
... MAIS... PARCE QUE... QUOI?...
JE T'AVAIS AVERTIE, MA FILLE! TU N'AURAIS PAS DÛ ÉPOUSER UN PSY! IL TE RENDRA FOLLE!... AUSSI FOLLE QUE LUI!...
NON, MÔSSIEUR MON GENDRE! ELLE NE VOUS REJOINDRA PAS! ELLE A DÉCIDÉ DE PASSER LE RÉVEILLON AVEC NOUS!
TRRWUT
25/2
CAUVIN-BÉDU.

Tout dépend du payeur...

CAUVIN - SERON.

Blocage

AU SUIVANT!
WOOOF
?
REGARDEZ! ELLE EST LÀ, ASSISE SUR UN BANC, DANS LE PARC...
QUI ÇA?
ADELINE, DOCTEUR! C'EST L'AMOUR DE MA VIE! JE VOUDRAIS TANT LUI CRIER MON AMOUR. SEULEMENT VOILÀ, CHAQUE FOIS QUE JE L'APPROCHE, J'AI COMME QUI DIRAIT UN BLOCAGE ET JE ME METS À BREDOUILLER...
BIEN! VENEZ, VOUS ALLEZ ME MONTRER CELA...
QUOI?!! VOUS VOULEZ DIRE QUE...?
PUISQU'ELLE EST LÀ, AUTANT EN PROFITER...
MAIS QU'EST-CE QUE JE VAIS LUI DIRE, MOI?
MADEMOISELLE, VOTRE CHARME NE M'EST PAS INSENSIBLE, JE VOUS AIME ET VOUDRAIS VOUS ÉPOUSER...
QUOI?!! TOUT ÇA! MAIS JE N'Y ARRIVERAI JAMAIS!...
MAIS SI!
MAIS NON!
MAIS SI, JE VOUS DIS!
ET MOI, JE VOUS DIS QUE NON!
SI!
NON!
ALLEZ-Y!
MAIS PUISQUE JE VOUS DIS QUE...
HOP!

AYEZ L'AIR NATUREL, SAPERLOTTE !
ALORS ?
J'ÔOSE PAAAAAS !...
ALLEZ-Y JE VOUS DIS !
MACRAMELLEDESPALMESETDESFUSIBLESETUN POÈMEVOUDRAISVOUSÉPOUSSETER...
?
JE VOUS L'AVAIS DIT ! JE N'Y ARRIVERAI JAMAIS !...
CALMEZ-VOUS... IL N'EST JAMAIS BON DE RESTER SUR UN ÉCHEC. DÉTENDEZ-VOUS, RESPIREZ À FOND...
ET À PRÉSENT, RETOURNEZ-Y, AYEZ CONFIANCE, NE PENSEZ À RIEN D'AUTRE...
PAAAARFAIT !... ASPIREZ L'AIR À PLEINS POUMONS... ET ALLEZ-Y !
HMMF !
18/2

MADEMOISELLE, VOTRE CHARME NE M'EST PAS INSENSIBLE, JE VOUS AIME ET JE VOUDRAIS VOUS ÉPOUSER !
ÇA Y EST, DOCTEUR ! J'AI RÉUSSI ! J'AI RÉUSSIIIII !
EUH... EXCUSEZ-MOI... QU'EST-CE QUE VOUS AVEZ DIT ?
MACRAMELLEDESPALMESETDESFUSIBLES-ETUNPOÈMEVOUDRAISVOUSÉPOUSSETER !
SNIF ! ALORS, QU'EST-CE QU'ON FAIT À PRÉSENT, DOCTEUR ?
?
ON RETOURNE À MON CABINET ET ON REPREND TOUT À ZÉRO !
TOC TOC TOC
MAIS NON, VOTRE APPAREIL N'EST PAS DÉFECTUEUX ! LES PILES SONT À PLAT, VOILÀ TOUT...
PLIPS
audio rayon
18/3
CAUVIN - BÉDU.

Le mal-aimé

VOYEZ-VOUS, DOCTEUR, J'EN VIENS À ME DEMANDER SI QUELQU'UN M'AIME, DE PAR CE MONDE, NE FÛT-CE QU'UN TANTINET...
QU'EST-CE QUI VOUS FAIT CROIRE ÇA ?
EN TOUT CAS, S'IL Y EN A, ILS NE ME LE DISENT JAMAIS...
EH BIEN, MOI, JE VOUS AIME ! LÀ, VOUS ÊTES CONTENT ?
RÉ... RÉPÉTEZ-MOI ÇA... ?!
JE-VOUS-AIME ! C'EST CE QUE VOUS VOULIEZ ENTENDRE, PAS VRAI ?
?
AH ! N'APPROCHEZ PAS, HEIN ! N'APPROCHEZ PAS !
MAIS... MAIS... ?!
Plus tard...
POUR UNE FOIS QUE JE ME CONFIE À QUELQU'UN...
TE LAISSE PAS ALLER, VIEUX... CONSULTES-EN UN AUTRE !
OUAIS, ILS NE SONT SÛREMENT PAS TOUS COMME ÇA...

Sommeil de plomb

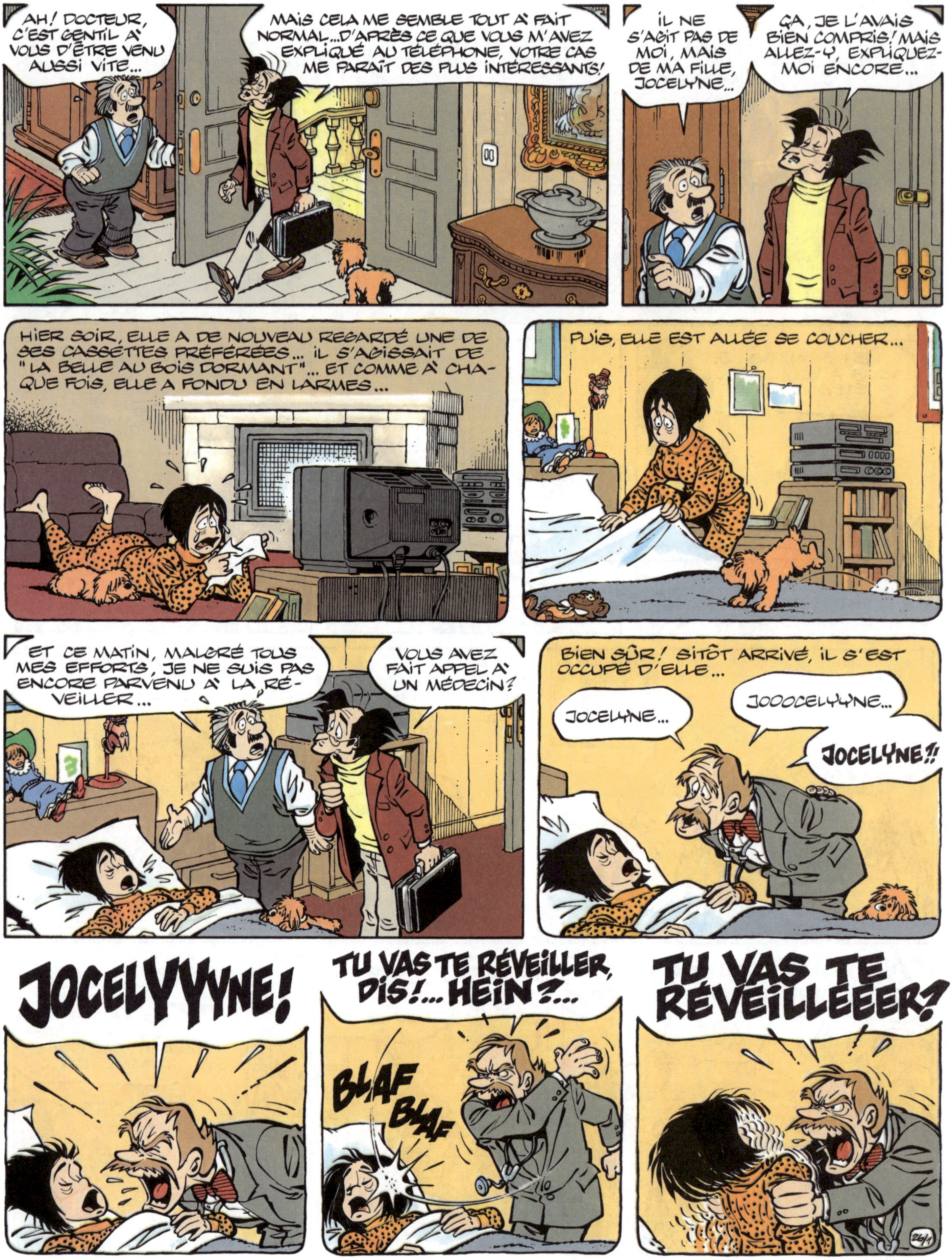

RIEN N'Y FIT...
ET AU BOUT D'UNE HEURE, IL EST REPARTI SANS AVOIR RIEN PU FAIRE!
IL N'A RIEN DIT?
SI! QU'IL AVAIT ATTRAPÉ LA MIGRAINE ET QU'IL RENTRAIT CHEZ LUI SE REPOSER! COMME CETTE HISTOIRE ME SEMBLAIT PLUTÔT BIZARRE, J'AI FAIT APPEL À VOUS...
ET VOUS AVEZ BIEN FAIT!
À MON AVIS, VOTRE FILLE SOUFFRE DE "ROMANTISME EXACERBÉ"... HIER SOIR, À LA SUITE DE CE FILM, ELLE S'EST ENDORMIE PROFONDÉMENT...
...EN CROYANT QUE, SEUL, LE BAISER D'UN PRINCE CHARMANT POURRA LA RÉVEILLER!...
NOOON?
SI!
POUVEZ-VOUS ME LAISSER SEUL AVEC ELLE?...
MAIS BIEN SÛR...
JE VAIS EN PROFITER, MOI AUSSI, POUR PRENDRE DEUX CACHETS! TOUTE CETTE HISTOIRE M'A DONNÉ MAL À LA TÊTE!...
JOCELYNE...
JOOOCELYYNE...
JOCELYNE?!
JOCELYYYNE!
TU VAS TE RÉVEILLER, DIS!... HEIN?...
BLAF
BLAF
TU VAS TE RÉVEILLEEER?

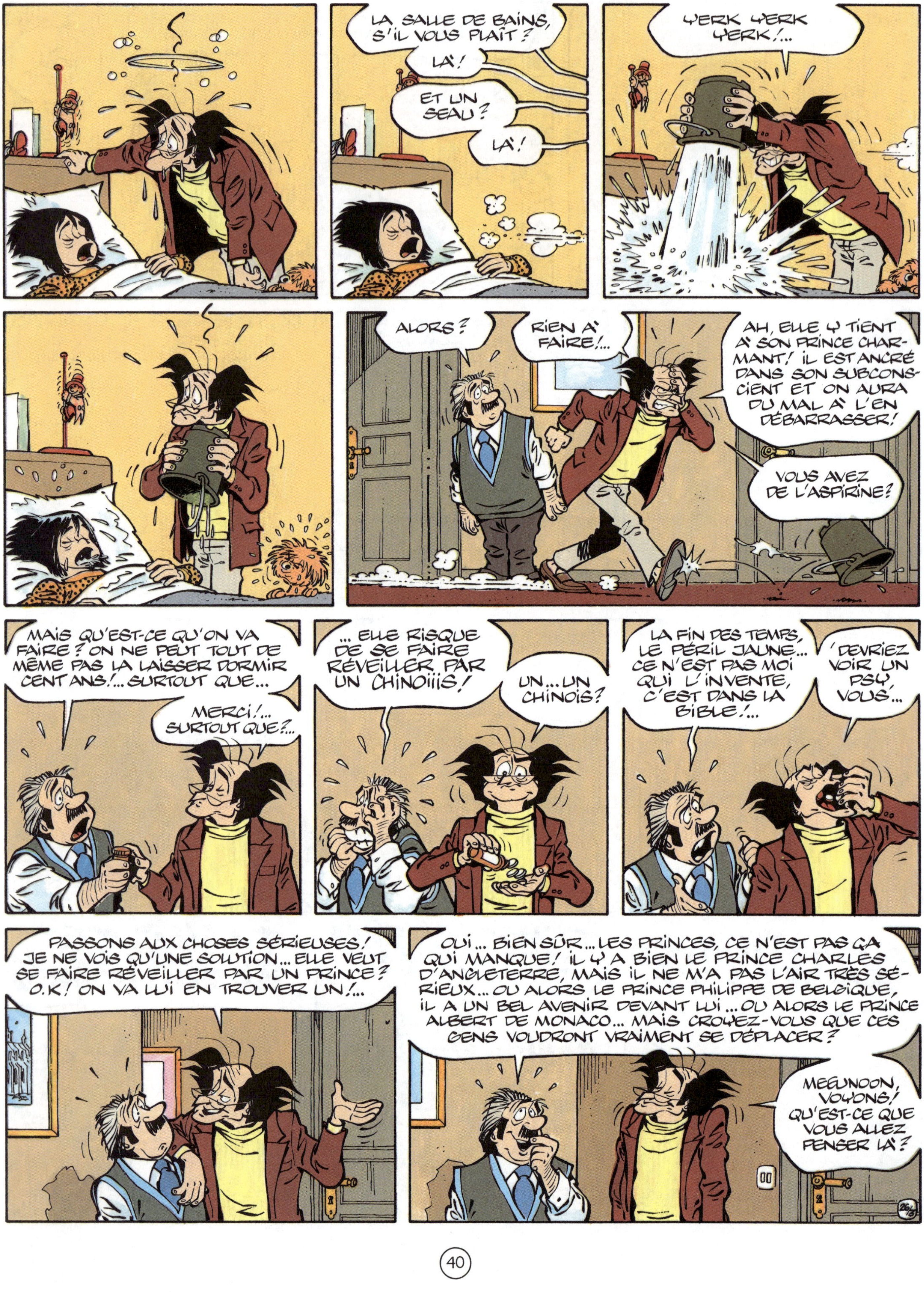
LA SALLE DE BAINS, S'IL VOUS PLAÎT ?
LÀ !
ET UN SEAU ?
LÀ !
YERK YERK YERK !...
ALORS ?
RIEN À FAIRE !...
AH, ELLE Y TIENT À SON PRINCE CHARMANT ! IL EST ANCRÉ DANS SON SUBCONSCIENT ET ON AURA DU MAL À L'EN DÉBARRASSER !
VOUS AVEZ DE L'ASPIRINE ?
MAIS QU'EST-CE QU'ON VA FAIRE ? ON NE PEUT TOUT DE MÊME PAS LA LAISSER DORMIR CENT ANS !... SURTOUT QUE...
MERCI !... SURTOUT QUE ?...
... ELLE RISQUE DE SE FAIRE RÉVEILLER PAR UN CHINOIIIS !
UN... UN CHINOIS ?
LA FIN DES TEMPS, LE PÉRIL JAUNE... CE N'EST PAS MOI QUI L'INVENTE, C'EST DANS LA BIBLE !...
'DEVRIEZ VOIR UN PSY, VOUS...
PASSONS AUX CHOSES SÉRIEUSES ! JE NE VOIS QU'UNE SOLUTION... ELLE VEUT SE FAIRE RÉVEILLER PAR UN PRINCE ? O.K ! ON VA LUI EN TROUVER UN !...
OUI... BIEN SÛR... LES PRINCES, CE N'EST PAS ÇA QUI MANQUE ! IL Y A BIEN LE PRINCE CHARLES D'ANGLETERRE, MAIS IL NE M'A PAS L'AIR TRÈS SÉRIEUX... OU ALORS LE PRINCE PHILIPPE DE BELGIQUE, IL A UN BEL AVENIR DEVANT LUI... OU ALORS LE PRINCE ALBERT DE MONACO... MAIS CROYEZ-VOUS QUE CES GENS VOUDRONT VRAIMENT SE DÉPLACER ?
MEEUNOON, VOYONS ! QU'EST-CE QUE VOUS ALLEZ PENSER LÀ ?

LE PREMIER IMBÉCILE VENU FERA L'AFFAIRE!
SI VOUS LE DITES...
DRIIING
VOUS ATTENDIEZ QUELQU'UN?
NON!
UN PLI RECOMMANDÉ POUR VOUS, MONSIEUR ROBINSON!... SI VOUS VOULEZ SIGNER ICI...
... EH BIEN, VOILÀ! FAITES-LE ENTRER...
?
VOUS... VOUS VOULEZ VRAIMENT QUE JE L'EMBRASSE?... MOI, JE NE DEMANDE PAS MIEUX, MAIS QUE DIRONT SES PARENTS?...
NE VOUS OCCUPEZ PAS DE CELA! FAITES CE QU'ON VOUS DIT!
SWIIIWIIII SSIIIIII SWIIIISSS
ÇA VA! ÇA VA! ÇA SUFFIT COMME ÇA!...
RIEN... PAS UN MOT... PAS UN SIGNE...
VOUS VOULEZ QUE J'ESSAIE ENCORE?
NAN!
DITES, VOUS N'AURIEZ PAS DE L'ASPIRINE? DEPUIS QUE JE SUIS ICI, C'EST FOU CE QUE J'ATTRAPE MAL À LA TÊTE!...
IL Y A UNE DRÔLE D'ODEUR ICI, VOUS NE TROUVEZ PAS?
LA FENÊTRE! VIIIITE!
OH! ÇA N'A PAS ÉTÉ FACILE! MAIS NOUS SOMMES EN MESURE DE VOUS AFFIRMER QUE VOTRE FILLE SURVIVRA! À PRÉSENT, J'AIMERAIS SAVOIR POURQUOI DIABLE VOUS AVEZ FAIT APPEL À UN PSY PLUTÔT QU'À LA COMPAGNIE DU GAZ?...
'POUVAIS PAS SAVOIR, MOI!...
26/4
CAUVIN - BÉDU.

Trou de mémoire

Une cliente qui a du chien

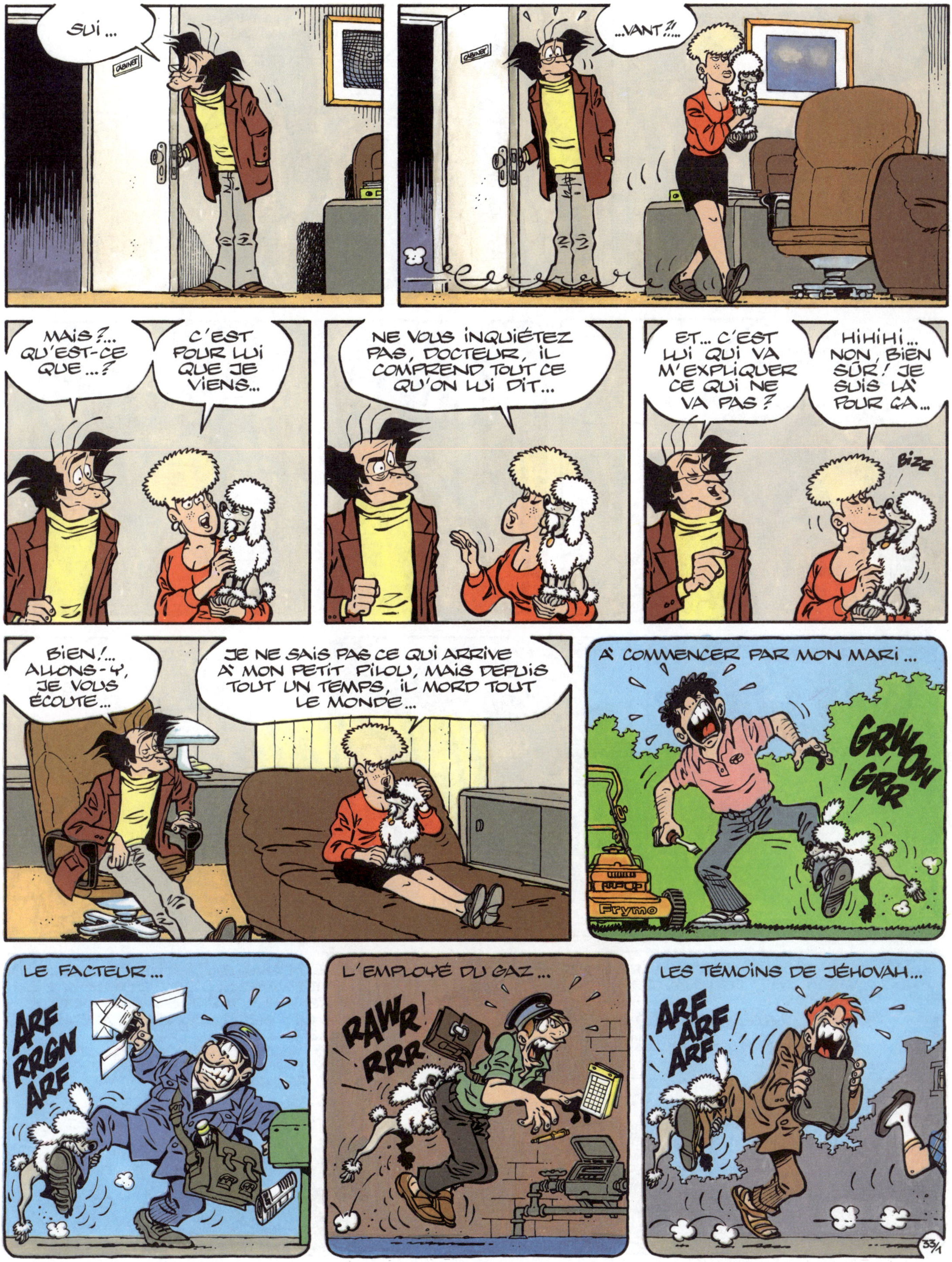

AAUW
TIENS!?... ÇA, C'EST NOUVEAU...
PILOU! TU N'AS PAS HONTE?... VILAIN TOUTOU!...
...CETTE VILAINE MANIE, ELLE A COMMENCÉ QUAND?
IL Y A ENVIRON UN AN...
.. UN CAMBRIOLEUR S'ÉTAIT INTRODUIT CHEZ NOUS...
PILOU L'A MORDU...
AAUWAAAAA
ET MIS EN FUITE!...
NATURELLEMENT, VOUS L'AVEZ FÉLICITÉ ...
BIEN SÛR!
IL MÉRITAIT BIEN ÇA! MON MARI EN ÉTAIT PRESQUE JALOUX, LE PAUVRE!...
SLURP GLUBGLUB BURPS
ET DANS SA PETITE CERVELLE, ÉVIDEMMENT, C'EST TOUT CE QU'IL A RETENU... APRÈS AVOIR MORDU, IL A ÉTÉ RÉCOMPENSÉ!... À PRÉSENT, CAMBRIOLEUR OU PAS, IL NE FAIT PLUS LA DIFFÉRENCE... IL CONTINUE À MORDRE EN ESPÉRANT SA RÉCOMPENSE!...
VOUS CROYEZ?
J'EN SUIS CERTAIN!
33/2

MAIS QU'EST-CE QU'ON VA FAIRE, DOCTEUR ?
LUI FAIRE COMPRENDRE QUE MORDRE, C'EST MAL!
DÈS QU'IL ESSAIERA, VOUS LUI CRIEREZ DESSUS!
MOI? MAIS JE N'OSERAIS JAMAIS!
VOUS VOULEZ ÉVITER LES ENNUIS, OUI OU NON? BON, ALORS FAITES CE QUE JE VOUS DIS ET METTEZ-Y DU COEUR!
PILOU... PILOU... KSSS!... KSSSS!...
GRRR... GRRR...
ALLEZ-Y!
WARF WARF GRRORR
PILOU... ARRÊTE... VILAIN CHIENCHIEN...
PLUS FORT!
GRRR RRR
PILOU... ÇA SUFFIT!
PLUS FORT!
GRRR GROW
PILOU, T'AS PAS BIENTÔT FINI, HEIN DIS?
VOUS Y ÊTES PRESQUE! ENCORE UN EFFORT.
RRR GRR
PILOU!... MILLE MILLIARDS DE ... !
KAÏ KAÏ KAÏ KAÏ KAÏ
PARFAIT!... À PRÉSENT, VOUS POUVEZ RENTRER CHEZ VOUS... VOUS SAVEZ CE QUE VOUS AVEZ À FAIRE! JE VOUS TÉLÉPHONERAI D'ICI QUELQUES JOURS...
33/3

ET QUELQUES JOURS PLUS TARD...
TILILILIB TILILILIB TILI...
OH ! C'EST VOUS, DOCTEUR MÉDARD ?... PILOU ?... OH OUI, IL A FAIT DES PROGRÈS CONSIDÉRABLES !...
IL NE MORD PLUS MON MARI...
FRYMO
... NI LE FACTEUR...
... NI L'EMPLOYÉ DU GAZ...
... ENCORE MOINS LES TÉMOINS DE JÉHOVAH...
MAIS C'EST TRÈS BIEN, TOUT ÇA...
OUAAAAAH !
PAS TOUT À FAIT, DOCTEUR... À PRÉSENT, C'EST MOI QU'IL MORD !
QUOI ? CE N'EST PAS CROYABLE !...
OH SI ! OUÏEOUÏE OUÏE...
OUÏEOUÏE !
IL FAUDRA QUE VOUS REVENIEZ ME VOIR, MADAME... IL DOIT BIEN Y AVOIR UNE CAUSE À TOUT CELA !...
OUI, SÛREMENT, DOCTEUR !... MAIS LAQUELLE ?...
TAP TAP
PILO
33/4.
CAUVIN - SÉDU.

PRINTED IN BELGIUM BY
proost
INTERNATIONAL BOOK PRODUCTION